청어詩人選 37

| 조성구 시집 |

아파도 그 꿈 그리운 것은

청어

아파도 그 꿈 그리운 것은

조성구 지음

발행처 · 도서출판 **청어**
발행인 · 이영철
기　획 · 손영국 | 김홍순
영　업 · 이동호
편　집 · 김영신 | 김인현
디자인 · 오주연
인　쇄 · 두리터

등　록 · 1999년 5월 3일(제22-1541호)

1판 1쇄 인쇄 · 2008년 8월 10일
1판 1쇄 발행 · 2008년 8월 20일

주소 · 서울시 서초구 서초동 1588-1 신성빌딩 A동 412호
대표전화 · 586-0477
팩시밀리 · 586-0478

블로그 · http://blog.naver.com/ppi20
E-mail · ppi20@hanmail.net

아파도 그 꿈 그리운 것은

· · · ·

| 시인의 말 |

밤마다 시고(詩苦)를 앓는다
그놈의 詩 때문에
유년의 날들 끄집어
추억을 꿰매고
어쩌다 낡은 시어 한 마리
초장에 밤 소주 비웠다

첫사랑을 휘감아
그리움을 벗기고
외로움을 눕히고
휭, 종간 밤 종일 자맥질 뒤
겨우 토해낸 글 한 줄
엉클어진 횡간을 추리려니
새벽이 홰치느냐

오늘도 타는 아침노을
달아나는 내 시심(詩心)
목말라 아픈 상사(相思)여!

— 필자의 시 「癖」 전문

"시를 쓰다 보면 고통과 행복을 동시에 느낄 수 있다"고 말한 어느 문인 선배님의 말씀이 마음에 와 닿는다.
 살며 소중했던 기억들, 아픈 상처, 마음 속 수다를 가지런히 유형(有形)으로 드러내놓으니 정말 기쁨과 설렘 그 자체다.
 시작이 반이라 했던가.
 늦깎이 입문한 문학세계.
 벌써 마음은 시를 넘어 에세이집으로 뛴다, 글 욕심에.
 하느님이 주신 나머지 시간을 서두르지 않고 쉼 없이 작품 활동에 쓰고 싶다.
 결코 여유롭다 할 수 없는 공유된 시간을 쪼개고 아끼며 곁에서 격려와 배려를 아끼지 않는 평생 동지 아내와 첫 시집 출간의 기쁨을 나눈다.

산돌배 조성구

c·o·n·t·e·n·t·s

1 情따라 春

묻지 마세요 · 11 | 봄 바닷가에서 · 12 | 사모곡 · 14
진달래 · 15 | 봄꽃 · 16 | 죽마고우 · 17
나의 봄은 · 18 | 아파도 그 꿈 그리운 것은 · 20
고향 연가 · 21 | 가시렵니까 · 22 | 가시오소서 · 24
삼오를 보내고 · 25 | 귀향 1 · 26 | 귀향 2 · 27
꿈 · 28 | 우정 · 29 | 맙소사 · 30 | 여의도의 봄 · 31
이보게 친구야 · 32 | 정 바라기 · 33
매일 쓰는 일기 · 34 | 밤바다 · 35 | 낮술 석 잔에 · 36
방파제 · 37 | 새벽별 · 38

2 철따라 夏

그 여름 · 41 | 여름나그네 1 · 42 | 여름나그네 2 · 43
비오는 날의 小考 · 44 | 적(赤)장미 · 45
계절이 바뀔 때마다 · 46 | 젠장 · 47 | 청다리의 여름 · 48
8월 마지막 저녁풍경 · 49 | 바다가재 · 50 | 피서 · 51
밤 소낙비 · 52 | 비틀거리는 도시 · 53 | 태풍 · 54
개똥참외 · 55 | 계곡의 비명 · 56 | 갈매기 노인 · 58
시인, 가을 기다리다 · 60 | 여름의 섭리 · 61
여름밤의 파계(破戒) · 62 | 낮잠 · 63
여름에 핀 코스모스 · 64 | 夏, 夏, 夏 여름 때문에 · 65
보리밭 · 66 | 밤꽃 피던 밤 · 67 | 비오는 날의 막걸리 · 68
춘사(春思) 1 · 69 | 춘사(春思) 2 · 70

3 꿈따라 秋

불면 1 · 73 | 불면 2 · 74 | 짝사랑 · 75 | 꿈길 · 76
사이버 연서(戀書) · 77 | 이별 편지 · 78
나는 알아요 · 79 | 허무 · 80 | 어떤 인연들 · 81
사이버 연정(戀情) · 82 | 여로(旅路) · 84
미련 · 85 | 허수아비 · 86 | 장기수의 한가위 · 87
중추야경(仲秋夜景) · 88 | 벌초길 · 89
추사(秋思) · 90 | 9월 바닷가 · 91
처서(處暑)에서 · 92 | 몽유(夢遊) · 93
배삼등이 · 94

4 길따라 冬

술 한 잔으로 · 97 | 겨울 哀想 · 98 | 대한(大寒) · 99
밤 눈 내리면 · 100 | 송구영신 · 101 | 겨울밤 · 102
그 겨울 · 103 | 낮술 · 104 | 송년가 · 105
겨울바다 · 106 | 첫눈 · 107 | 거래(去來) · 108
입동 · 109 | 인생역전 · 110 | 찜질방 상념 · 112
잠자리 단상(斷想) · 113 | 마네킹 · 114
파장 · 115 | 파를 까는 남자 · 116 | 외도(外道) · 117
어쩌란 말이냐 나는 · 118 | 부부싸움 1 · 119
부부싸움 2 · 120 | 허기 · 121 | 속물아, 속물아 · 122
객주(客酒) 벗 · 123 | 한세월(閑歲月) · 124
첫 시화전 · 125 | 겨울 휘파람 · 126 | 회한(悔恨) · 126

〈서평〉 사물의 안팎을 투시한 풍자적 묘사, 그 깊이 | 손희락 · 128

 ····아파도 그 꿈 그리운 것은

살며, 살며
홀로 익힌 숱한 미움들
미더워 깊은 한숨 모두를
불어오는 남풍에 흘려보내면
내 가슴속
굶주렸던 나무에도
화사한 봄꽃 피워줄까

春

1
情 따라

 ···· 아파도 그 꿈 그리운 것은

묻지 마세요

묻지 마세요
지금 침묵하는 거

어쩌다 마주쳐 서로 간절히
한껏 부풀었던 밤들
지금은 날, 들길 우리 되돌아
가슴에 이는 불씨
주섬주섬 고이 접히어
홀연 스치는 바람 안고
빗속 길 가야겠네요

필경
그대 떠나 휑한 날
슬픈 기억, 회한도 없이
덤덤한 억지 미소
그런 모습 나날 지워 살려니

묻지 마세요
지금 울고 있는 거

봄 바닷가에서

저기 분분(紛紛)한 낙화
어디를 향해 날고 있는가

봄 바닷가
힘겹게 다가선 벼랑엔
너울 파도 잘게 부서지고

언제부터 묵묵히
바라보다 지친 눈망울
동백만 붉게 물들었구나

뭍이 겨워 바다를 안은 임이여
그대를 향해 밀려가는
애잔한 파도소리 들리시는가

내 성찰을 탓하여 체면 버리고
사랑한다 말하고 나면
모진 해풍 잦아들어
뱃길 편히 그대는 오실까

바람 부는 대로 휘는 대숲 사이
갈매기 목 빼어 그리움 찾는데
그만 절벽을 내려
가부좌(跏趺坐) 튼 석불은
중생들의 무염지욕(無厭之慾) 서글프셨나
어이 청산을 뒤로
바다를 향해 계시는지…

- 여수 향일암에서

사모곡
— 어버이날에

그렇게 가시던 날
가을 잎 떼어 내더니
세월이 때 이르러
새순은 돋아 잎 푸르렀구려

서 있어도 키 작아
수건만 뵈던 청다리 그루밭 둑엔
지금은 바람 이는 들풀뿐
삶 끝 매달려 모두를 내어주고
지금은 없소
덩그런 나뿐

맨손 짠지 찢어
숟가락 위 얹어주던 너그러움이
이제 와 아프게 사무칠 줄이야
그립소
가난이 똥꼬 찢던 시절, 밤
종이 카네이션 머리맡 놓고
안쓰럽던 그날
그날이…

진달래

1
산자락 뒤덮는
꽃 장마
터져버린 봄 봇물

2
해부름에 뛰어온
민초들의 침묵시위
타오르는 불 함성

3
봄 그리려다
엎지른 물감
미완의 캔버스

4
발가벗은 그대와 나
퐁당 빠지고픈
사랑 탕(湯)

봄꽃

세월 한 자락 엄동을 내치고
참았던 독수(獨守)
청상(青孀)이 무너진다

사려 깊던 여심(女心)아
춘심이 동하여
어제는
봉긋한 가슴 옷깃 살짝 뵈더니

오늘은
한낮, 치마끈 풀어
잎 서방 곁 두고
어이 꽃 먼저 피우는고

죽마고우

발가벗은 추억이
술잔 속을 첨벙인다
헌 책갈피 넘기듯
때 묻은 기억을 끄집어
세월이 가고야
나, 너 번갈아 그리웠다고—

거친 세상 버티려
한껏 참았던 회한
비운 잔에 왈칵 목이 메고
묻는 안부 서로의 고락
그렇게 밤새 흐느끼고, 웃어도
즐거움 뒤론 왜 자꾸만 슬퍼지는지

인고에 깨달은 우정이여
저 벌판
눈밭에 심어진 동초(冬草)를 보았느냐
뛰고 넘다 밟힌
우리들 젊은 날의 초상
거기 홀연 숨어 있는 걸

나의 봄은

나의 봄은 언제나
고향집 처마 작은 봉당
엇비켜 누운
어머니의 흰 고무신 위로
햇살 깊이 내렸고

읍내에서 돌아오는 길
논두렁 지나 채마밭 옆으로
뭇사람들에 밟힌 질경이
봄 길에 그만 앓아누웠다

지리한 겨울이 머물고 간 자리
늙은 감나무 사이로
멀리 뽀얀 신작로 미루나무 가지엔
유년의 곱던 추억
새벽까지 울음으로 남아
수구초심(首丘初心) 아픈 내 향수

살며, 살며
홀로 익힌 숱한 미움들
미더워 깊은 한숨 모두를
불어오는 남풍에 흘려보내면
내 가슴속
굶주렸던 나무에도
화사한 봄꽃 피워줄까

아파도 그 꿈 그리운 것은
— 추억새 [鳥]

유년의 너른 뜰
풀파도 위 날던 추억새 한 마리
실낱 기억을 물고 와
저무는 숲 내려앉았다

내 구중한 삶에 밀려 잊힌 사람들
새벽까지 이어진 그리움
밤비 그친 뜨락에
날지 못한 꽃잎 흩어 눕는다

철 따라, 철마다
길들여진 이별이랴만
바람이 흔들어
머물지 못하는 추억새야
어차피 이제 그만 날으렴

스쳐간 세월
아픈 기억일랑 모두를 품어
바람에 꽃잎 날듯
그렇게
휘이

고향 연가

동녘 서운산 달 차면
닿을 듯 흑성산 굽이 찬 구름 넘고
허기에 지쳐
등짐 내려 눕던 양대고개
목에선 단내 나
울고 싶은 만큼 시려 높았다

지금은 산 헐고 다리 얹혀
길은 지척이다만
어쩌다 찾는 귀향길
초동 얼굴들, 하나 둘 지워 떠나고

바람이 불었거나
세월에 밀렸거나

한껏 채우려 미련했던 지난날
곱고 여린 청춘의 흔적이
미루나무 빈 둥지 삭풍 속 아련한데
모두가 진부했던 추억
그리워 또 목 메이다

* 서운산, 흑성산, 양대고개 : 필자 향리 명

가시렵니까
— 모친 선종 전날

눈 녹던 자리 들언덕
봄은 흐드러지고
개울말 목물하던 갯가엔
억새 흔드는 바람 소리까지
때 따라 펼쳐지던 고향 뜰 풀 색

저 고운 하늘 어이 두고 가시렵니까

주워온 강가 돌멩이는
당신 손길 그대로
장독대 아래 소롯이 누워 있고만
아실이 없는 어늬 곳, 뉘 찾아

이 가을바람 낙엽 일듯 가시렵니까

버티려 홀로의 몸부림
하루의 당신 날은 없었던 날들
그 세월 하염을 허공에 띄우고

그냥 이대로 가시렵니까

늘상의 짓던 웃음
사진틀 갇혀지면 너무 힘들고
진부한 온기 있는 미소는 어쩌라고—

오늘도 물 놓으려,
곡(穀) 놓으려 다문 입 보면
뽀얀 안개 속 지나간 그리움
단장(斷腸)의 애는 허공에 얹혀 들고

이제 정녕 하늘에 묻습니다
정말 가시렵니까
어머니

가시오소서
— 모친 선종일에

색바람 가지 끝 단풍 드는 밤
홀연히 누워
무념의 눈물
소리 없이 왜 흘리나요

천근(千斤)에 눌린 안검(眼瞼)
칠흑을 헤집고
가슴 가득 이는 섧
가쁜 숨 몰아
밤 종일 왜 호령하나요

세상사, 부단한 진연(塵緣)
이제 쥔 끈 놓으소서

가실 길
속절없는 역로(逆路)엔
바람 탄 구름뿐
곁엔 아무도 없는 홀로이거니

삼오를 보내고
― 모친상 삼오에

고대 가시더니
홀연히 떠난 영감님 하며
가슴 못 박고 간 자식 둘 만나셨나요
그리 쉬이 가실 거라면
앙상한 품 한 번 더 안겨볼 것을
격정의 단(斷) 놓으시니
이제 편하신가요

호상이라며
친구들 덩실 춤 추더만
맨땅 위
당신 뉘이고 돌아오던 길
미호천 굽이 가을빛은 내리고
스산한 차창 바람 스쳐
낙엽은 하염없던데

당신께서 누웠던 자리, 진자리엔
아직 남은 흰 머리칼 몇 올
그 머릿결 손 쥐니
미어진 그리움 밤새 또 그립소

귀향 1

가도 안 계실
당신 뵈러 가는 길

벌거숭이 몸
무량의 길 버겁거든
언제고 내려오라
다독이던 말씀은
이제 사진 속 머물고
묻어온 한시름
속내 안 뵈려

한 잔 술
두 번 절
올리는 두 손이 마냥 서럽소

귀향 2

긴 여정 비운 고향집
깔끔한 아이들 모습 보면
선뜩 유년의 추억이 멈추고
늘 열렸던 사립문
박꽃 지붕, 호박 담은 헐렸다만
언제라도 속 달래주던 초가집
지금은 도시 닮아 화호유구(畵虎類狗)로구나

갈기 찢긴 세월
채우려다 허기에 누운
하루가 가고 또 지나가도록
나, 떠나기 전 이름 없던 풀꽃들
지금쯤 이름은 지어졌을지
꽃 피던 굽은 길
그 외길 자꾸 그립다

눈에서 멀면 마음도 멀어질까
앞뜰, 먼 산
가슴에 품고 돌아오는 길
하늘 구름, 봄 노을 내리더니
기녀이 나를 버린 곧은길엔
슬프기도 전 봄비가 먼저 운다

꿈

슬며시 다가와
멋대로 가십니다

세월을 표백하여
애절한 상사(相思)
첫사랑이 되오고
얼떨결
얼싸안은 허무는 또 웬일이오

하늘 자락 달무리 속
숨죽인 사랑, 일깨워
비회(悲懷)만 내려놓고
오늘도
밤종일

슬며시 다가와
흔적 없이 가십니다

우정

물 대야 달 넣고
무지개 잡던 친구야
며칠 눈 퀭하더니
큰 수술 생사를 넘었구나

수술대 위 풀린 동공
물모금에 타 붙었을 입술
생탈의 비명 속 피안(彼岸) 오갈 때
난 풋콩 꺾어 청태 먹던
버드라지 뒷산 오르내리며
애꿎은 낮두꺼비 한 병 잡고 있었다

감출 것 없는 세월 속내
기억은 동심을 돌아들고
단풍 곱던 감잎
책갈피 넣던 애틋한 추억
설핏, 강물에 떠가고
저 가지 끝 삭풍에 날아갈까
이 밤 코끝 시리다

맙소사

성스런 고백소 앞
추한 미물 하나 쭈그려 앉아
해 뜨고 입 뗄 때마다
덕지덕지 붙은 죄 뭉치
어디부터 고백할지 망설이는데
신부님 갸륵도 하셔라
호미로 바지락 캐듯
성찰(省察) 죄 낱낱 붙여놨것다
조목조목 간결한 핑계
죄는 어느덧 반으로 줄고
멋대로 제 맘대로 걸러 또 줄고
얼씨구 그러보니
고백할 죄 몽땅 없어졌도다
바라옵건데
얼렁뚱땅 그렇게 해주십사 기도하고
정신없이 고백소 나와 성당 문 나서는데
말씀은 어느새 귀밑 떨어지고
길 건너 미니 아가씨
쭉 뻗은 다리 눈부시누나
맙소사, 하느님 맙소사
비 맞는 종탑 타고 말씀은
뎅그렁 뎅그렁
속절없다

여의도의 봄

저기
비틀 할배
꽃 주독(酒毒) 들었나
코끝 빨갛네

윤중로 가득
펄펄 끓는 이팔(二八)들

하하 호호
밤은 짧고

젠장
이 봄
괜히 시인만 슬프다

이보게 친구야

한 잔 받게나
낮 놓아주고 왜 밤 안달인가
취해 어둠 목 비틀면
아침 해 더디 뜰까 그러시는가
아서, 말게나
어차피 진명(盡命)하면 절영(絕影)이여
초망(草莽)히 살았으니
뉜들 비한(悲恨) 없으랴만
천지간
마르지 않는 풀 어디 있고[何草不玄]
근심 없는 이 어디 있겠나[何人不患]

한 잔 더 받게
주담(酒啖) 걱정 나중이고 술값은 추렴일세
뜨막하게 만나 어이 쉬이 가려는가
아득히 젖배 곯던 시절
뻘기 뽑던 논두렁에
울누이
작수성례(酌水成禮) 보따리 풀면
금방
산사(山寺) 동마루 해 뜰 터인데

정 바라기

무쇠 솥 언덕 밥 입매 때우고
두엄터 나란히 뒤보던 친구야
넌 네 길, 난 내 길
몽근 짐 지고
된 세월 넘다보니
애년(艾年) 끝 여기였구나

살다 언 듯, 살며 언 듯
죽(竹) 말 올라 달리던
애 솔밭 속 노을 너 그렸는데
어제 우연히 역로(驛路) 건너
서 있던 널 보며
타인이 된 나를 본다

어차어피(於此於彼)
늙어, 더 늙어 북망산 들 때
우리 다시 만날 인연을
아야라 스쳐가듯
빈붕(賓朋) 되어 오면 어쩌란 말인가

매일 쓰는 일기

천근(千斤)이 붙은 아침을 떼어내고
거미줄 채 들고 나서면
오립송 가로수 짙고 중천 해 멀다

여들없이 살아온 여정
요개부득(搖改不得) 빈손인 걸
가까운 듯 먼 동행들은
득실(得失) 잣대 허리 품고
진종일 허(虛) 엿본다

그러다 저렇게 하루가 가고
거미 땅으로 내려 요원(遙遠)의 어둠 오면
천근은 다시 지겹게 달라붙어
내일로 가라 떠미는 오늘

정작 쥔은 난데
마음은 객 되어
허무한 옷 오늘 또 벗는다

밤바다

염(炎) 장군 발소리
지레 놀랐나
서천(暑天) 멀리
한 올 꼬리 빛 내림

별똥별인가
반딧불인가
정혼(定婚) 못한 채

한줄기
밤 소나기 지나
여우별 쏟아져 내리면
여지없이 번란(煩亂)은 씻기고
내 억색(臆塞) 단숨에 뚫려라

낮술 석 잔에

올 때는 멀쩡신사
갈 때는 개굴신사

억지 술 후레삼배
곧은 혀 풀리더니

세상사 둘둘 말아
양념장 듬뿍 찍어
목제켜 마시 노니

앗따
세상 좁네
그런데
아부지는 어데 갔노

방파제

다섯 남매 홀로 키운
과부 널따란 엉덩이
청상이 피수(被囚)던가

삼불후(三不朽) 머리에 이고
민물 짠물 갈라쳐
해 뜨면 낮 농사, 별 뵈면 밤 물질
세파 풍랑일랑
등 돌려 물 뭇매 맞아 막았다

삼구(三垢) 거치며
박전(薄田), 산태(山汰) 다 보듬고
개펄 속 뒹굴다 허리 펴보니

여태껏 이고 온 삼불후 간 데 없고
흰 서리 칠갑(七甲) 내리도록 혼자였구나

손 뻗어 창 너머
수연(水煙)에 가린 저녁 둑
귓가에는 송도(松濤)인가
물바람 속 허무
횡하니 저만치 간다

새벽별

찰나에
순간과 영원을 함께 볼 수 있는 너
누구를 기다리나
새벽 별 하나…

칠흑을 허락하고야
그리운 줄 알았어
그리고 밤새워 침묵을 앓았지
해 진 밤 너무 길어
목 빼어 시선을 얹어 놓았지
구름을 젖혀 네가 온다고

마음은 지척인데 길은 멀어
빛 따라 갈수록 몸은 작아지고
고고한 하늘엔 슬픔만 남았어
여명이 다가올수록
점점 희미해지는 널 보며
오늘은 말하리, 꼭 말하리라

촉촉한 빛 그대로
별똥별 되어 내려오라고

머무를 듯 떠난 지난가을
서두른 재회의 기약,
낙엽에 묻고
달래며 기다리다 지쳐
어둠 뒤 숨어 울던
내 청초야
이젠 우수 찬 얼굴 씻고
가슴 펴 한껏 하늘을 보렴

2
철 따라

 ···아파도 그꿈 그리운 것은

그 여름

폭(暴) 더위 속
들밭에 서보라
찌든 땀 치렁이던
어머니의 여름 게 있을 테니

옥수수 장대 잎
지나는 바람 야속케 막고
해 저녁 낮더위마저 몰아
부뚜막 위엔 언제나
익는 감자 허리로
가난이 젓가락에 쿡쿡 찔렸다

밤이 너무 짧아
어머니의 여름은
아침 없이 늘 새벽뿐

아아, 사람들아
한번 죽도록 아파보라
세월은 가도
어머니의 아픈 그 여름은
널 못 잊고 늘, 게 있으려니…

여름나그네 1

욕봤네
중중첩첩 주망(蛛網) 걷고
꼬인 길, 예 오느라
먹으려 사는지, 살려 먹는지
족 밥에 홀려
초망(草莽)히 걸어온 여정아
족채(足債)는 챙겨왔는가

채워지지 않는 포만
허기는 늘 그대로인 걸
망태 속엔 웬 시름만
가득 담아 왔구나

서보시게
석양 타는 메 뜰에
색바람 쬐까 아니드는가
이제 저 냇가, 대서(大暑) 건너면
초량(初凉)이라니
욕봤네
주망 걷고
꼬인 길, 예 오느라

여름나그네 2

누굴 찾아 가는 걸까
함께 가는 듯
돌아보면 홀로 가는 길

강나루 건너
묵묵히 하루해 내리고
태연히 오늘을 역마에 묶으면
걸어온 만큼
가슴에서 멀어져간 사람 자취
여기저기 나부끼는 그리움

어디를 향해 가는 걸까
내 곁, 붐벼 웃던 얼굴들
그 기억 차곡차곡
묶은 보퉁이 끌어안고
새우잠 깨고 나면

나는야 애수 가득
풀 파도 들녘 지나
어디론가 또 가야하는
초록나그네

비 오는 날의 小考

다투어 봄 피고 간 흔적
아직 땅 아래 처연한데
이별을 서둘러
여린 잎 뗀 나뭇가지
비바람이 먼저 와
여름을 맞누나

늑장 부린 세월 한 자락
정처 없는 하루야
오늘은 또
남풍 안고 어딜 향하는고

풍파에 찢겨 구긴 일상
땀, 눈물, 비 엉켜 탁한 눈
마음속 고이 묻었던
산천마저 무심코 스쳐 지나고

구중한 안개비 그쳐
그 눈에 이슬 마르면
내 갈 곳은
또 그 어디메—

적(赤)장미

겹겹이 포갠 입술
춘색이 동하니
뒤틀리는 화냥
담을 타고 넘는다

허,
저기 넋 뺏긴 여염
붉은 속살 발랑 뒤집네

계절이 바뀔 때마다

뒤채던 밤 허허로이
힘겹게 침묵을 벗는다

머무를 듯 떠난 지난가을
서두른 재회의 기약, 낙엽에 묻고
달래며 기다리다 지쳐
어둠 뒤 숨어 울던 내 청초(靑草)야
이젠 우수 찬 얼굴 씻고
가슴 펴 한껏 하늘을 보렴

질곡(桎梏)의 긴 터널 지나
묵시(默視)의 아우성 여명을 타면
서두르지 않아도
하늘에선 꽃비 알맞게 내리고
가끔 후리는 한풍(寒風)을 비켜
곳곳
가시나무조차 봄을 틔워
겨우내 간절했던 속내
이야기꽃 가지마다 피우리

젠장

곳곳 어둠 헤치는
홀연한 상사(想思)
밤 창밖
생각만 수북이 쌓이는데

한낮 진부했던 언어들
맴돌아 밤 종일 성가셔도
워쩌,
내일은 미련 없다

눈 뜬, 꿈속
개념 없는 시각
겜츠레 하늘은 열리고
새벽은 기녀이 심연을 깨운다
오늘 또 밤새웠다
이런…

청다리의 여름

장마 지나며
들 찔레 억세지고
겁 없는 쇠비름 길 복판 대든다
삼칠초(三七草) 엉킨 봇도랑
농익은 멍석딸기, 빗 매에 제 풀 떨구면
하루를 건너뛴 들뚝풀
피발(被髮) 되어 달려들더라

어허, 세서(歲序)인가
서천(暑天) 노을 녘
울 뽕 가려 낮은 지붕 위
된장잠자리 분분하고
간간한 색바람
베적삼 속 품 들면
비허(脾虛)에 야윈 농심
철 이른 허수아비
들에 꽂는다

* 청다리 : 필자 향리 명

8월 마지막 저녁풍경

차에서 내리는 사람들
지친 표정 저마다 다르고
저녁 잠깐 내린 비
갈기 찢긴 전단지 위로
한 손, 철가방 달리는 오토바이
헬멧 속 얼굴 앳된 모습 당혹스럽다
아직 어린데 제살이 들어
저토록 서둘러야 사는지

이제
비 몇 번 더 내리면
소슬은 슬며시 찾아들고
거리의 가로수 가을 색 들면
사람들은 저마다 외롭다며
고래고래 이별노래 부를 텐데
아무려면
난 또 배냇병 도지고 말아
지독히 가을 타는 소년이 되어
들녘 나서
캔버스 가득 가을 꽃 그리리

바다가재

세상
볼썽사납더냐
옆통수에 눈 붙고
더럽다 침 뱉으며
석불가난(席不暇暖) 모로 긴다

뻘 속
종일 헤매도
만날 빈 주먹
에고
억장이 무너져 땅 쳤구나
두 손만 퉁퉁 부었네

피서

떠난다
외로워 죽겠다는 갈매기 섬으로
여름이라 더운 것을
도시 등지고 떠나는 선려(仙侶)들

간밤 화려했던 네온 도시
여름 안개 내려 적연하더니
석훈(夕曛)에 유리 불빛 반짝이고야
낮 놀던 매미
밤 목청 높인다

여름 캐려는 상혼, 충혈된 눈
쉰 목소리 애민(哀憫)하고
이제 4박5일
난(亂) 세월 시름 좀 잊으셨는가
만작(晚酌) 목 늘리는 연인들
되갈 길 주섬거리면
섬은 운봉(雲峰) 끼고 다시 외로워
갈매기 자지러진다

밤 소낙비

대숲 헤치고
몰려드는 먹빛 군대
피아(彼我) 없는 아우성 속
풀 파도 소리 거칠고

창문 앞 추녀에선
잠 못 이루는 청상
가슴 찢는 생탈(生頉)

후득
후득
오드득
밤새워 이 가는 낙수

비틀거리는 도시

자고 나면 우뚝 자란 빌딩들
도무지 모두가 침묵이다
어둑해야 할 저녁도
캄캄해야 할 밤에도
막무가내 거리는 밝아

계절마저 잊었는가
피고 지고를 멋대로
장미는 울타리 빨갛게
사계 내내 기어오르고
밤낮 싱겁게 자란 가로수엔
낮 여치, 밤 매미 갈롱 맞더라

찜통더위 속 처서는 먼데
아직은 멋쩍은 귀뚜라미 소리
억지 만나 등 돌린 연인처럼
도시의 낯선 거리
방향 잃은 그 한복판
병태 같은 내가 오늘 서 있다

태풍

배반(背反)이 파도에 실렸다
범람을 알면서 장대비에 쾌감 느끼고
파선(破船) 넘보는 노도(怒濤)는
해묵어 찌든 세상
닥칠 격랑 속 뒤집는 개혁
또 다른 희망 엿보노니
자연의 편린이 여기 있었다

선민들의 아비규환 짐작은 하는가
높은 파도 저 멀리
닥칠 수난 모르는 듯
탐스런 청포는 천진스레 영글고
외눈으로
파고(波高) 가늠하는 편수(邊首)
묵묵히 배 다듬는데
바닷가 산사에선
가부좌 튼 노시인
풍우 드는 창 열어
뜬금없는 시상 모은다

개똥참외

못된 년!
조신하여 요조(窈窕)인가 싶더니
서방질을 했다고라
경칩 어스름 달밤 창 든 그림자
기껏 약 쓸려니
도망치던 개똥이더냐

즐풍목우(櫛風沐雨) 막돼먹은
경아리 놈과 뒹굴다니
이년아, 어서 말 못혀!
오이 넝쿨로 배 가린들
차오르는 달 막을 수 있다던?

배시시 웃는 꽃조차 노랗기에
오씨 문중인줄 알았지
참외 씨가 웬 말이고
어쩔겨, 이제
아이고, 저기 똥 밭
사대부 오씨 종가
서까래 앉고 대들보 무너지누나

계곡의 비명

어느 소리꾼의 목 늘임
굽이마다 머물고
천 년 이끼 속
녹음은 녹아 물 되어 흐르니
애당초 물은 그래서 푸른가보다

역동하는 생명은
깊은 골에서 시작하여
흐르다 흐르다
때로는 곤두박질쳐 이는 비말(飛沫)

그 장엄히 숙연해
묵묵히 주는 자연의 가르침은
시기 없이 순응하고
오직 아래로 흐른다는 것

그러다 어쩌려
저기 풍광 속
겁, 속없는 이랑 떼들
만년바위 들추고 천년주목 베는가
마른 이끼, 검은 탁류 흐르면
겨우 찾는 소리꾼 목메고
역류의 오(誤), 누(累) 되어 오리니

아서게
천록(天祿) 어이 버리고
천도(天道)를 빗겨서면
그 역린(逆鱗) 어찌 감당하려는가

갈매기 노인

시퍼런 바닷가
외발로 서야 편한 갈매기
시선은 늘 한곳 머물러 슬프고만
뭍에는 종로 네거리
더 차지하려는 무리의 함성
뙤약볕 아래 양통스럽다

삭여, 날 만큼 먹는 갈매기야
내일 기약할게 무어냐만
몇 걸음 뒷골목
갈대발 늘여 컴컴한 쪽방엔
외짝 노인 기침 쇳소리 잦아들어
내일은 기약 없다

갈매기 함께하던
젊은 날의 회한 멀어져가고
머리맡 벽, 누가 매달았는가
미리 넘긴 8월 달력엔
갈매기 바다 훠이 나는데

쾌히 한 방바닥 한구석
개도 안 먹는 구겨진 종이 몇 장엔
경회루 끼고
율곡, 퇴계 선생이
근엄한 표정으로 비명 지른다

시인, 가을 기다리다

차 지난 좁은 골목
뽀얗게 먼지 날아들고
아스팔트 위 이글 타는 저녁
여름은 드디어 마각을 드러내
발가벗고 대든다

그래, 이리오너라—
실컷 기고만장하거라
네 진피야
적삼 소맷귀
슬며시 드는 색바람에
떨던 기세 고꾸라지고
청야(淸夜)에 은하수 코끝 다가서면
백로(白露) 답삭 손잡고 처서(處暑) 오리니

연인들아
더울수록 뜨겁게 사랑하라
한낱 더위쯤이야
시인의 붓두껍 속 넣어둘 터
그때는 새 옷 꺼내 입고
초량(初凉)한 들녘
철새 반갑게 맞아야지

여름의 섭리

물 시위(示威) 쫓겨 뛰는 여름아
청상(淸爽)은 어디 너뿐이랴
대나무 일렁여
우는 숲 소리 의초롭고
질세라
내 둑 선버들 땅 내려 의연한데

산과 들
무명(無名)으로 피어오른 들꽃 앞에
등 초롱 화려하니 무엄하구나
각(角)과 곡(曲)과 색(色)
어우러진 완곡(緩曲)의 향연
대자연 속 이 얼마나 공평한 위대함인가

장대비 멈추면
연경(煙景) 내리는 산길 걸어보라
준걸(俊傑)은 못 되어도 가슴은 틔고
순천명(順天命)대로 살다보면
내 안의 모든 것
모든 이
비익조(比翼鳥)란 걸 알게 되리니

여름밤의 파계(破戒)

누운 들마루 위
밤하늘
한 점 흰 구름 떠간다
그립다고

젊은 날의 청초
모습 그대로 다가와
시공 넘는 저울질 사랑
아내와 그녀 오가며
타협될 수 없는 세월 비련에 운다

아프다
꿈길에서조차
때 이른 밤더위 하늘가 흰 구름
한 점 첫사랑이 떠간다
환장하게 그립다고

낮잠

녹음 땅에 눕다
짧은 들숨, 긴 날숨
난데없는 코 고동소리
널브러진 오수(午睡) 앞에
실루엣 여인 요염도
오늘은 말짱 귀찮다

토끼잠 속
시상(詩想)은 도망치고
달라붙는 글 벌레

보소 보소
나라님아
와서
내 눈꺼풀 열어주소
저기 도망가는
시상(詩想) 좀 잡고로

여름에 핀 코스모스

산자락 끼고
흐르는 꽃 강
애절 세월 휘감아
몸 훑어 지난다

끼리
몸 부벼
가냘픈 청초야
애초부터 고독 머금고
외따로이 슬퍼
무리지어 사는가

아직 가을은
네 뒤 멀리 가쁜데
향 미리 뿜어
활개하면 난 어쩌누

夏, 夏, 夏 여름 때문에

늙으나 서나
젊으나 앉으나
꿈틀대는 용감(勇敢)이 겁 없다
어둠 속
살은 꺼지고 핏대만 솟아
눈 부라리고, 이 갈고, 아우성치는
저것은 대체 어디 쓰는 물건인고

한여름 대낮
도랑치마 흰 다리 보니
무간지옥 무릉도원 오간다

글쟁이 굴 갓 벗어 뛰고
시주승 목탁동냥 팽개치고
어쩔거나
어쩔거나
요놈의 여름이 원구(怨咎)로고

보리밭

1
지혜(智慧) 년 유혹에
발기(勃起)한
붓 놈들의 선란(煽亂)

2
신검 장(身檢場)
오열(伍列) 없는
붓 장정 무리

3
필전(筆戰) 앞둔
붓 군단
열병(閱兵)

밤꽃 피던 밤

여름이
수치(羞恥)를 떼고 치마를 벗었다
달 그늘
화냥이 불붙어
달 머슴 휘어 감고
앵앵, 커억 커억 턱밑 입하(立夏)
단내 나 숨 덜컥이는데
절정은 아직 멀었는가

성욕은 뒷물도 잊은 채
밤꽃 향 마구 뿌리더니
밤, 배꽃 요란 속
사정(射精) 끝나고

쳇!
천장부(賤丈夫)
허우대만 좋았지
꽃대만 앙상하고녀

비오는 날의 막걸리

어젯밤 구름
별 지우더니
시시청(時時晴) 하늘
새벽비 내린다

간짓대 눌린 봄
자엽(子葉) 모두 버렸고
서슬은 밤낮, 시푸르러
온통 메꽃으로 연연한데
고고(孤高) 떨다 눈 벗은 지란(芝蘭)
창에서 자깔스럽다

오늘처럼 웃비 진날엔
주붕(酒朋) 함께 산 오르다
목 좋은 자드락 길가
바위 하나 터 잡고
유하주(流霞酒) 잔 기울면
봄 신선 되어
하늘 끝 올라질 꺼나

춘사(春思) 1

세월 가도
나 여기 그대로인데
떠난 너는
어떤 모습 되어 날 보고 있을까

아름아름
소멸되어가는 기억
네 잔영마저 지워질까
떨리는 두려움
해 거듭할수록 애잔함,
신열 오르내리는 봄앓이
겨우 꽃피워낸 옹두리 가지 끝
향 아직 머물러 있는데

밤새
작은 비 맞고
떨어진 꽃잎 앉은 자리엔
자꾸 그리움만 커지네

춘사(春思) 2

봄 가는 길목 톨미재 넘으면
읍내 도는 개천 선머리 휘어들고
따비 밭이랑 풀 섶엔
새끼 풀무치들 서툰 날갯짓

써레질 못자리
어미 제비들 바삐 날면
동트고 반나절
저고리 섶 뵈던 아주머니
담북장에 바가지 아욱국
못밥 그립다

어쩌다 찾는 고향 새벽길
굽은 길 곧게 펴져 낯설고
새길 멋대로 찢긴 산비탈엔
엉너리 진달래 힐끗 피었다

이제 제 모습 지키는 건
하늘과 큰 산뿐
훗날 북망산 가기 전 고향 들 때
섧어 그리운 길 잘못 들면 어쩌나

* 톨미재, 선머리 : 필자 향리 명

약속 없이
그대 찾아 밤길 갑니다
지난날
우리 서로 수줍던
첫 키스의 애틋한 추억
언제부터 슬며시
존재의 기억까지
흔들렸던 시간들

秋

3
꿈 따라

 ···아파도 그 꿈 그리운 것은

불면 1

잠도둑 어디 갔느뇨
겨우겨우
바위 눌린 안검(眼瞼)
창틈 실빛에 말짱 가볍다

도편수 없이 짓는 기와집
세우고 부수고
짓고 허물고
눈은 뜨든 감든
밤 종일 수고하는데

어라?
아침은 벌써 웬일이뇨
짓다 만 민둥지붕
기와는 어떡하라고

불면 2

밤이 깊다
어제를 뒤척여
눈 감아도 보이는 사람

저 밑
어둠으로부터
때 묻은 소심(小心)이 찾아와
슬쩍 작은 흐느낌도
공명(共鳴) 타고
가슴에 크게 울어
잊으려도
안검(眼瞼)에 매달리는 그리움

무력한 시간
꿈을 재촉하여
하늘 노닐다
지친 몸 누이려니
멀리 첫닭 울어
아침이 열린다

짝사랑

곁눈질조차 설레어
아예 눈 감고 그대를 봅니다

언제부터 그대는
내게 소중한 인연으로 다가와
마음 깊이 동여맨
나의 사람이 되었습니다
바람 부는 날에도
눈 오는 날에도
비 오는 날에도
늦은 밤
슬픈 눈으로 찾아와
어디서 와, 그대로 가는지
가까운 듯
얼마나 먼 그대는
내게 모두가 비련입니다

눈 하나 마주치지 않았어도
우리 가끔은 철든 내숭
거리낌 없이
사랑한다 말해도 될까요?

꿈길

약속 없이
그대 찾아 밤길 갑니다

지난날
우리 서로 수줍던
첫 키스의 애틋한 추억
언제부터 슬며시
존재의 기억까지 흔들렸던 시간들

달뜬 맘 들킬까
아릿한 연서 가슴에 묻어
오월,
꽃그늘 등 뒤 울던 임이여

못내 그리워
밤마다 헤매던 꿈길 몇 백 리

또
오늘 밤을 후려
그대 찾아 길 갑니다

사이버 연서(戀書)

가장 쓸쓸한 시간
내 맘대로 고울 그대 만나러 갑니다
사랑 아닌 또 다른 연정
그리움 아닌 또 다른 설렘
그렇게 덧없는 인연이란 걸 알면서
먼 길 가깝게 찾아갑니다

생각이 생각을 동여매고
숱한 언어들 밤새워 추슬렀어도
정작 그대에게 줄 말은 흔치 않아
공허한 시간만 망설입니다

멀리 가까이에 있는지
묻지도 알려고도 않는 서로의 그리움
오늘도 당찮은 사랑의 쪽지 받으러 갑니다

같은 하늘 세월 흐르는 길목
어디쯤 있을 당신 찾아
나만의 은밀한 지름길 접어듭니다
엔터
엔터
클릭, 클릭, 클릭…

이별 편지

사랑하기에 떠난다니
안녕히 가시와요
이별 핑계 고작이면 그렇게 하시라고요
그때부터 난, 눈 앙금 씻지 못해
세월의 약사발 매일 마실 거라
밥은 쓰고
술은 달 거예요
우리들 사연일랑
가슴 속 오장에 묻고
계절도 잊은 채
이름 모를 병 시름 앓으며
추운 여름, 긴 겨울 헤맬 거예요
그리 살다
문득 어느 강가 우뚝 서
철로 옆 들꽃 보이면 병은 다시 도지고
조금씩 여위어 갈 거예요
그래도 떠난다면 안녕히 가시와요
어쩔 수 없잖아요
벌써 마음은 내 곁 떠나갔으니

나는 알아요

기뻐도 눈물이 흐르는 까닭
나는 알아요
기쁨 뒤 아픈 사연 있었다는 걸

슬퍼도 눈물이 나지 않는 까닭
나는 알아요
그 슬픔 너무 깊기 때문이란 걸

매일, 매일 살아가며
기쁨을 감춰 미소 지우고
슬픔을 참아 울지 못하면
이보다 더 큰 아픔 있을까

알맞은 기쁨에 웃고
작은 슬픔에 눈물 흘린다는 것을
나는 알아요
그것이
반곡(盤曲) 없는 삶, 참사랑이란 걸

허무

바람이 불었어
애상이 내게로 찾아와
앓아누운 적막, 침묵을 흔들고
헤매던 꿈길
추억 속 미련을 훑는다

봄, 여름, 가을, 겨울
그리고 또 봄

반복된 계절은
내 하염을 외면한 채
배려 없이 흐른 세월 덧없고

영원히
영원히 내 곁 머무를 듯
배회하던 사람들의 진자리
눈[目] 때 묻은 텃밭, 산하는
오늘도 촉촉한 별빛 하얗게
허무만 내려앉았다

어떤 인연들

지나는 길가
돌탑 하나 쌓아놓고
길 가던 유랑객
눈길 멎는 스침도 인연이요

순절하여
꽃 내린 한 그루 고목에도
꼬박, 계절을 정직하게
숨결 이어냈음 또한 대자연의 필연이라
눈 뜨고, 감아 잠들기까지
숱하게 만난 사람들
속내를 다 내주어
마주 벗하지 않았어도
삼상지탄(參商之歎) 아니어늘
빗겨내지 못할 진연 아닐까

세월을 벗하여
속 교감에 울고 웃어
밤새 서로 그립던 사람들
오늘 삼시(三始)에 서서
오가며 귀했던 인연 모두를
잊어 변치 않도록
텃밭 고이 심어두고 싶어라

사이버 연정(戀情)

찰나에 거침없이 다가와
시공을 넘어온 사랑이 웃는다
지난날 경험했던 첫사랑의 야릇한 감흥
초려했던 청순이 되오고

가슴 저편
주책없이 솟아나는
어떤 환상의 불씨
불연 마음을 탐하여
허리 감아 안고픈 당찮은 육감

속 들켜 붉힌 얼굴
어느덧
친근은 연민으로 내달아
시간도 잊은 채
밤새 번갈아 그립다

그러다 이것은 사랑일 수 없어
손사래 치는 뒷걸음
턱없는 관계를 지워
선명하던 영상 점차 희미해가면

어느 날
떨리는 손가락, 클릭의 순간
선녀의 날개옷 없어도
흔적 없이
날아가 버리는 나의 사랑아

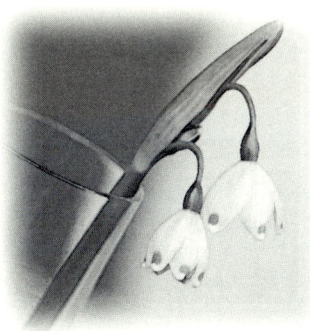

여로(旅路)

된 바람 뿌리쳐
선하디 곱던 하늘아
오가매 지친 삶
편린(片鱗)으로
억장(億丈)은 비 되어 내리는가
오늘일랑
그냥 비켜 가주이

격정의 바람 멎어
지리한 장마 끝이 오면
노여움 참아 일던 파심(波心)
풀잎 사이 마른 땅에 뉘이고

하늘 너무 맑아
홀로 설웁는 날엔
내 발길
정처 없이 그대를 향하리

미련

내 흔적 티끌 보이거든
왔다 빈 걸음 돌아선 줄 아십사

한쪽 가슴 뚝 떼어
주어도 고깝잖은 우리의 진연(塵緣)
어제를 다 휘저어
지우지 못할 소중한 기억
이 가을 노을 속 묻혀드니
가다 어느 처마 밑 비껴
비련의 속울음 터진 줄 아십사

덫에 걸린 옹추
이제는 각자 비껴가야 할 행로
먼발치
서로 번갈아 그리워도
속눈물 그대로
절대 뒤돌아보지 마십사

허수아비

강둑 따라 서걱대는 풀 거품
우는 갈잎 소리
부지런한 계절은
작심한 듯 스스로 옷 벗어
가지 끝부터 나목인데
묶여 환절도 잊은 채
홀로선 허수아비
저녁노을 그림자 길다

지난 늦여름
숨 턱 차오르던
뙤약볕 수고는 간데없고
쭉정이 헤집는 떠나지 못한 철새들
이제는 곧은 팔 그만 내려
모두를 보내야 할 시간인 걸
남은 것
남길 것 없는 빈들에 서서
홀로 긴 겨울
왜 또 기다리는가

장기수의 한가위

달 옆 별은 멀어도
순간과 영원을 함께 보는데
아린 서로의 그대는
곁에 두고
별보다 먼 하루가 메인다

진실을 고집하던
어느 장기수의 창백한 얼굴
달그림자 속, 눈빛 초라한데
꽃 지고 여름 또 가고
스스로 잎 떨어 가을은 성큼 왔지만
기다리는 이에겐 추운 겨울뿐
가을은 없다

지난날 귀 닫혀
골라 평등했던 법전(法典)에
회한의 분 삭이며
하얗게 지새운 밤들아
이제는 달빛에 모두를 지우고
그만 슬퍼하고 사랑해야지
저 달 기울어 잦아들면 출감이니

중추야경(仲秋夜景)

귀향길
낯선 인기척
멀리 개 짖는 소리

이슥토록
불 밝힌 부엌에선
떡시루 김 한참 오르고

밤 마실 가는 옥녀
허리 휘어 뒹굴곱토록
휘영청 걸린 달

답싸리 울 뒤
게
누구뇨?

벌초길

기다렸소?
바람 타는 구름이고
낮 새, 밤 비둘기 같이 있구만
어찌 그리 그립소

올 때마다
자주 온다 해놓고
만날 바빠 못 오는 것들
기다리다 토라진 풀 상투
요다지 길었나요

외로워 마소
당신 앞
건(乾) 곡(哭)은 금방 끝나고
가져온 북어포 질겅 씹고 돌아서면
미호천 굽이 안고 흐르는 그리움
두고 갈 소주병 한 개
외따로이
함께 외롭소

추사(秋思)

추림(秋霖)인가?
밤새 먹구름 달려오더니
오늘은 종일 낮 비 내렸다

창 열면 날마다 올라가는 건물엔
아래 얕보는 시선 가소롭고
위 쳐다보는 민초들의 초라한 눈빛
괜한 시샘 왜 목 아파하는지

가을은 소슬 다가오고
번란의 밤 길어지면
애달픈 내 삶 어디로 가야 하나
아무렴, 가난한 사람아
천상의 것 다 네 것이라 했던가?
아직 비워 채울 것 남았으니
이게 바로 행복 아닐까

초량(初凉)의 산하 내일 또 비 내리면
여름에 웃던 찬연한 웃음 그대로
우산 속 가을 길 걸어야겠네

9월 바닷가

사람들 남기고 간 발자국
아직 그대로 아우성인데
처서 지난 며칠
바람과 볕 누가 관리하는가
더위 쫓기며 울어
얼추 발가벗었던 여름이 멋쩍다
이제 해변의 추억은
바닷물 들고나며 쓸려 지워져가고
사랑이 남긴 흔적들
껴안고 포개진 발자욱 애서러워
혹독한 여름 이야기들 남기고
하늘 보면 뭉게구름
마음속 형상들 모두 거기 떠 있다

모두 떠난 바닷가
이는 포말 여전해도
소우(疎雨) 몇 번 더 내리면
천지는 쓸쓸해져 가을 깊어갈 텐데
그랴, 멈춰 돌아보니
사람들에 치이고 밟히고 엉켰던
그 비명 속 사람냄새 더 그립다

처서(處暑)에서

파도 타던 해오라기
종종걸음 떠날 채비 가쁘고
뭍에선 영그는 해바라기
쏟아지는 햇볕
여름이 붉다

이제 밤 노을 타고
별 가까워지는 하늘, 달 뜨고 지면
해오라기 떠난 바닷가
빈 고동 바람 일어 가을 부르고
해바라기 섰던 자리 빈들엔
청야(淸夜)에
찬 이슬 내려

아침 들국화 소담히 피겠네
아침 들국화 소담히 피겠네

몽유(夢遊)

목 놓아 울어 사는 쓰르람조차
연민으로 다가와 슬프고
날다 겨우 매달린
나뭇가지 끝 흰 천 하나도
애섧은 그리움이다
슬픈 걸 어찌하랴
반복되는 파곡(波谷)과 파도
영상(映像)은 계속되고
꿈속마저 질곡에 시달리다
계절에 찌든 옷가지 추슬러
정처 없는 밤 열차 오른다

몸은 접착력 잃은 테이프마냥
객석 한 귀퉁이 팽개쳐지고
어둠 속 질척하게 달리다
이름 없는 어느 간이역 내려져
옷깃 움츠려 새벽 철길 걸으면
산안개 속 휘돌아
시간은 쭉 펴져 여섯 시
아, 여명은 저기로 가는데
내 심혼(心魂)은 지금
어느 구름 섞여 떠가고 있는가

배삼둥이

배삼둥이 능선
냉기 가신 바람 빛 들면
솔 대 그늘 샛검불 사이
멧새, 텃새 나들고
서운산 기슭 청다리 나들목부터
시작되는 살여울

이제
두꺼운 덧게비 젖히고
미구(未久)에 필 꽃 등(燈) 기다리면
어느새 들 둑 아래 저만치서
약쑥 참나리 돋 터오르고

겨우내
섞 삭이던 되모시 순이
손대야 찬물 씻고
바구니에 나물 담겠네
바구니에 여심(女心) 담겠네

* 배삼둥이 : 필자 향리 명

이 밤
욕심 모두 잠재워
무위의 길 걸으면
아린 상념 삭여지고
내일은
가슴속 하얗게
눈꽃 내릴까

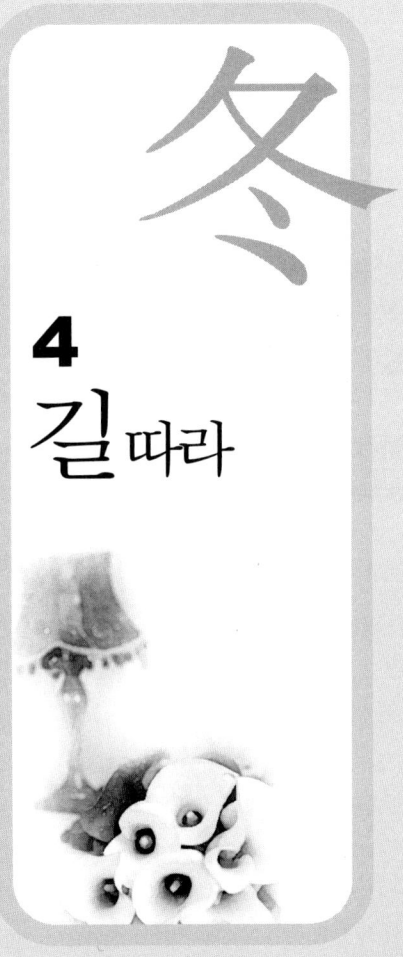

4
길 따라

冬

 ···아파도 그 꿈 그리운 것은

술 한 잔으로

딱 한 잔만 한다더니
오메, 한 병이 되었소

세상 잡것들
여의도에 모여 우글거리고
삼각산 아래 너른 집엔
졸부가 머슴이라 뻗댄들 무에 성화요
이래저래 한 세월, 꽃 피다 지고
장대비, 설한풍 모두 섭동(攝動)인데

그라지 마소
거한 술 한 잔에 심수(深愁)를 씻고
남산 올라 뒤 까고 오줌 누면
뉘 아오?
여의도 지붕까지
삼각산 아래 너른 집까지
그 오줌발도 뻗댈지

딱 한 병이
오메, 어쩐다요
세상사 모두를 마셨으니

겨울 哀想

별 따라 온 새벽
동초(冬草) 위 겨울꽃 하얗게 피어나고
산머리 휘어진 길가엔
겨우내 잎 떨구지 못한 아카시아
성긴 바람 가지 스산한데
저녁엔 어김없이 되올 길
하얀 입김 속 아침이 가쁘다

삭풍에 움츠린 동초여
미동할 채비는 되었느냐
햇볕을 외면하여 쌓인 눈 아래
속부터 물 흘러 봄은 올 텐데

아직은 엄동이 도사려 정월이 얼어붙고
때 묻은 이불자락 서로 당겨
우애(友愛) 다투던 나의 겨울아
오늘은 그 추억 잠시 머무는 동안
휘영청 하늘 멀리
내 달을 볼까, 그대 별을 볼까

대한(大寒)

칼바람 앞세워
엄동(嚴冬)이 뛰는구나

저녁, 검은 비닐봉지 속
가난을 사들고 가는 길
고된 하루가 꽁꽁 얼고
움츠려 겨우 뵈는 반백머리,
좁은 어깨 위엔
탈색된 회한이 앉았다

뉘엿, 서산 노을아
기약은 언제일랑가
세월 도는 뒤안길
긴 그림자 잘라내고
모진 설상(雪霜) 헤집어
외다리 밑 물소리 들리는 날은

밤 눈 내리면

애련(哀戀)이 내게로 와
소담히 하늘을 담는다

가슴 저 켠
뜻밖, 일렁이는 심연
내일은 여지없이 질척이는 길
척박할 텐데

천상의 흑(黑)과 지상의 백(白)

어쩜, 이 밤은 경계 없이
저리도 자유로울까

기다리는 이 없어도
시선은 자꾸 대문 밖을 나서고
이제, 젖어
녹녹한 그리움
조용히 자정을 눕힌다

송구영신

기대했던 연극 1막
12막 절정에 이르고
공연 끝난 무대
어둠의 커튼 내려지면
난, 또 묵시의 관객 되어
자리를 내준다

객장 덤덤히 걸린 달력
2007년 12월 31일
곧 마주할 내일 앞에
오늘이 너무 짧다

하늘엔, 온통 혹한 엄동이
달노을 속 흰 구름 바삐 달려가고
칼바람은 춤사위 나뭇가지
새들의 울음마저 잠재워
사정없이
흑백 경계를 가른다

지금은 올해
내일은 신년

겨울밤

된바람 창가
슬픈 추억 하나 찾아와
억색(臆塞)의 밤
홀로 속울음한다

봄, 여름, 가을
계절마다 억울했던 심사
무념으로 지워도
혹한 속 하늘, 한 자락
쪽달 걸친 아쉬움 그대로 남아

이 밤
욕심 모두 잠재워
무위의 길 걸으면
아린 상념 삭여지고
내일은
가슴속 하얗게 눈꽃 내릴까

그 겨울

엄동을 헤치며 또 새해가 온단다
이때면 여지없이 가슴속 저미는 불씨
유년의 추억이 찾아와
아침 미닫이, 손 쩍 달라붙어
기겁했던 나의 겨울아
두레박 우물 속, 별 담던 시절
천정엔 흐린 백열등
입김 서린 겨울이 동동 매달리고
끼니때마다 부엌에선
가난을 긁어 퍼냈던 달챙이 숟갈 소리

늑장부리다 가벼이 보낸 세월
살수록 그때가 멀어져 간다는 것이
슬픔인지 그리움 될 줄 어이 아련?
어느 날 눈 떠, 낯선 아침 맞던 타향
새우잠 깨던 새벽 고독
몸 떨던 그 겨울
옷자락 펄럭이며 떠난 사람 못 잊어
밤새 홀잔 기울이던 그 겨울도
이제 또 웃으며 보내야지
어느 때 그 곁 누울 때까지

낮술

인생 혼자 살았나
세상 탓은 웬 변고

불러도
턱없다
간 세월 뒤 보랴

말려도
기녀이 못 말린
돛 대, 술 한 잔
목 제켜 비우니

어?
저기 낮달이 떠 있네

송년가

뛰어가더니
겨우 예 섰구려
이보소
삼백예순닷새, 첫날
작심했던 영겁의 심사
오매 가매 흘리잖고 간수 잘 혔소?
내야
영운(嶺雲)에 하늘 벗 하였거니
동티는 없소만
자촉(刺促)을 외면하여
올해도 손은 또 빈손
동녘 달노을 따라
무형의 경계 뒤안길
나도야 달뜬 맘속은 섧구려
우중한 삶, 되돌아 욕심을 헐고
석훈(夕曛)에 돛 내릴 시간

이제 새날이여
도도히 엄동을 헤집어
삭풍 가지 끝 남풍 부르고
매화는 언제 피우련

겨울바다

설쳐댄 밤
섧게 어둠 내어주고
새벽을 걷는다

밤 새워 슬펐는가?
따갑도록
별 내렸던 바닷가엔
풀씨 품어 겨우 선 갈대 숲
해풍에 잎 떨어 울고

기억을 끄집어
목메던 향수
지쳐 무념 속 희미한데
겹겹 쌓인 오탁(五濁)
바랑 가득 메고
어제가 될 지금
난
또 어디로 가야 하나

첫눈

한껏 설레었어
네가 온다고

삭풍에 누운 갈대숲 지나
잎새 뗀 가지 위
하늘 목련 소복 내려앉으면
애써 속울음 감춰간
아린 첫사랑 추억이 앞서 와
눈 뜨고, 감고
분주한 삶 속
잊힌 듯 잊혀질 듯
그 추억 혹한 시련이 마냥 아프다
어느 땅 같은 하늘 밑
서로 맞숨 쉴, 널 그리며
끝없이 유영하는 회한으로
눈 비벼 잠 쫓고

한껏 기다렸어
네가 온다고

거래(去來)

참, 힘드요
어눌한 욕심 몇 줘고
으름장 채근한들
어쩌나, 이게 전부니

말 따로
생각 따로
따질수록 거리는 멀어지고
따지다 마음 들키면
그땐 미안해서 서로 어쩌나

꾸물댈 건 또 뭐요
손해 본 듯
많이 주고 적게 받으면
피차 득이니 그리합시다
줄듯 말듯
애간장 태워
환장하지 말고…

입동

동여맨 허리
아플 만큼 차오른 배추 위
하얗게 뭇 서리 내리고

아직은 듬성듬성 단풍잎
가지 끝 그대로 머물러 있는데

가을이 순간 멈췄다
겨울이 왔다고

인생역전

젊어 부하였던 한 녀석 전화가 왔어
술 한잔 대접하고 싶대나
내 처지만 생각하고
만백성 즐겨 찾는 선술집 정했지
왜, 기왕이면 좋은 집 정하지 그랬느냐는
녀석의 거드름에 뒤통수 긁노라니

잘나간다는 녀석은 예전의 녀석이 아니었어
말랐던 얼굴은
세월을 거꾸로 먹었는지 통통 훤칠하고
개기름 동동 뜨고 있더먼
농(農)티는 간데없고
술 따르는 녀석 소매의 금색 핀이 기죽였어

몇 순배 술이 돌고
거나해 목청 커진 녀석
펀드가 어쩌고 유가(油價)가 저쩌고
그러니 나라 꼴 이 모양이라 주절대더니
말씀은 정치에서 제멋대로 국제 경제로 옮아가
중국에서 동남아로 유럽으로
한 바퀴 돌아, 다시 북한을 넘나들고

어느덧 녀석은 스승이 되어 나를 가르치고
나는 제자가 되어
무릎 꿇고 꾸중을 듣고 있었어

혀 꼬부라진 말미 명함 한 장 내밀며
썬배, 정의가 밥 멕여 줍디야?
어려우면 찾아오소, 한마디

고맙다며 고개 들어
얼핏, 건너편 벽 거울 바라보니
머리 희끗 중늙은이 하나
죽상 얼굴로
연신 머리 조아리고 있더라구

찜질방 상념

숨 멎고 반나절에
육신은 굳어 썩는 걸
실컷 찌우고 빼느라 욕본다
젊고, 늙으나
예뻐지려는 사람들 몸부림
안타깝고 처량한데

위층 예배당에선
육신의 부활 믿는 이들
사도신경 소리 높고
만월산 기슭 새벽은
부활할 육신
한 줌 재 만드느라 수고스럽다

어쩌랴 어찌하랴
영원한 생명 얻는 길 걸으려니
육신의 부활 믿으며
산으로 가야 하나
벽제로 가야 하나

잠자리 단상(斷想)

하루를 되돌아
고요 속 심연이 눕는다
종일의 오탁(汚濁)
거개가 만용인 것을

지금은
용서하고 받아야 할 시간
아직도 온유는 독선에 밀려나
또 내일 벼르는 오만

아니야
내일은 모두를 서량(恕諒)해야지
번란(煩亂)의 등 끄니
네 멍에 편하고 짐 가벼우리라
어스름 속 마태오님
11장 30절 들고 있다

마네킹

기쁨 반, 슬픔 모두
표정이 같은 넌
언제나 구외불출(口外不出) 속이 깊구나
밝은 눈, 늘 젊은 널 보면
조쇠(早衰)해 안달난 여인들
성형 시술소 돌팔이 손끝 메스 바쁘고
거리에는 같은 꼴
귀, 코, 입, 짝퉁 미인들
가짜 젖통 내밀고 활보하는데
정작 진품인 넌
유리 속 갇힌 채 밖이 그립다

전생
어느 환쟁이 그렸을 네 초상
봉곳한 가슴에 눈길 머물고
멋대로 상상하며
때론 엉뚱한 본능에 떨고
복잡한 세상사 알 바 없이
뭇 세인 시선 받으며
정지된 시간
동작 그만 서 있는 네가 부럽다

파장

뉘엿뉘엿 해 지는 장터
질척이는 골목 들기 전
꼬부려 앉은 할매 광주리엔
산나물 시들어 눕고
모판 위 과일 몇 덩이
주인 기다리며 시간은 속절없다

한낮
외쳤던 고함들
바닥 예 저기 널브러져 뒹굴고
종일 치열했던 몸부림
그대로 남긴 자국들
그것은 확실히 파겁(破怯)이었다

꾸려 머리 짐 버거워
쉬어가려도
내려줄 사람 편치 않고
석양 노을 속, 굵은 목주름
흩어진 머리 빗겨 올려
또 내일의 사투 채비한다

파를 까는 남자

공들여 화장하고
외출하는 아내 뒷모습 보면
이상(李箱)의 날개가 떠오르고

텅 빈 집 빼곡한 옷장 속
십 년은 족히 시대 떠나
물 바랜 정장 몇 벌 보면
평생의 노고 오늘은 실없다

열심히 일한 죄 피수(被囚)인가
회한은 종일
속 머무르며 육신을 공략하고
늘 하던 예사말조차
날선 창으로 꽂혀들어
일상은 공연히 매사 고깝다

떨그렁 서툰 설거지
귀가할 아내 시간 맞춰
억지 잰 손놀림
파 까고 김칫거리 다듬는
여기, 젊은 노인 하루가
새파랗게 죽는다

외도(外道)

성도와 보살이
은밀히 주고받는 선악과
생각 따로, 말 따로
이완된 수식어
젖무덤에 붙고
엉덩이에 붙고

오메—
너무 쉽게 무너지는
삼불(三佛)이여

요동(搖動)의 끝
후회와 체념도 잠시
일탈의 변명을 궁리하고
아무 일 없었던 듯
일그러진 화장 고치면
도덕은
병태처럼 다시 기지개 켠다

어쩌란 말이냐 나는

　빼곡한 전철 안 / 눈은 빈 의자 찾아 헤집고 있었지 / 몸이 몹시 아팠거든 / 어디라도 누웠으면 하는 바람으로 / 노약자석을 노렸어 / 마침 한 노인이 내리고 / 몸 돌려 앉으려는 찰나 / 정수리만 털 뽑혀 훤했지 / 늙은 티내는 젊은 놈이 선수 쳐버렸어 / 어쩌란 말이냐 나는.

　노래방엘 갔지 / 나더러 먼저 부르라기에 사양했지 / 기다렸다는 듯 / 제 놈이 능숙한 솜씨로 꾹꾹 눌러 버리데 / 저게 뭐야? / 내가 겨우 아는 몇 곡을 / 그놈이 죄다 가로챘어 / 진저리나도록 시간은 안 가는데 / 서비스라며 이십 분 더 찍어 주었어 / 어쩌란 말이냐 나는.

　저녁상에 삼겹살 쐬주 한 병 올랐어 / 뭔 날여? / 날은 뭔 날, 한잔해유 / 살다 이런 날도 있나 싶대 / 모처럼 요상한 눈빛 오가고 / 서둘러 잠자리 들었지 / 서서히 불 지펴지고 오르는 신열 / 맙소사 근데 이 웬일이냐 / 저 족하고 휙 돌아눕다니 / 야, 어쩌란 말이냐 나는.

　시집 냈다고 요란하게 배너가 떴어 / 기똥차게 댓글 달았지 / 시인님 최고라고 / 시집 보내준다기에 / 마누라 눈치 보며 고마워 밤새 탐독했지 / 어라, 이 어쩐 일이랴 / 내가 꼬불쳐뒀던 시어 / 아끼던 시감, 시제 / 죄다 선수쳤잖여 / 아! 어쩌란 말이냐 나는.

부부싸움 1

먹든 말든 차린 밥상
먹든 말든 치운다
입든 말든 꺼낸 내의
입든 말든 세탁기 속 곤두박질
자든 말든 침실문은 닫히고
잤든 안 잤든 침실문 열리고

사계(四季) 없이
웬수의 밤 찬 공기 가득하고
그러다, 어쩌니, 그래서
어느 날 서로 교감 번쩍 일더니
하, 호는 시작되고
이것 드실라우? 이걸로 입어유
안 잘거유?
하하 호호 흐흐
좋아?
몰러잉
야, 이것들아
칼로 실컷 물 베었더냐

부부싸움 2

쏜 화살이 방패를 뚫었다
상식은 법전을 깔아뭉개고
억지가 존중과 절제와 체면을 밀어 제친다
의식 잃은 환자처럼
머리는 온통 하얗게 비워져
순간 법정에 선 모습이 스치고
얼핏 어른이는 아이들 모습
오직 유일한 무기는 무식뿐
날개 잃은 이성이 창밖 곤두박질치고
독설은 이상스레 머리 따로, 입 따로
멋대로 분리된다

천지창조 이후
이처럼 처절한 전투가 있을까
생각이 생각을 덮어 시간 대충 지나면
발가벗겨진 서로의 모습에
화닥 놀라 쥐구멍 찾지만
하느님 말씀은 한낱 귀걸개일 뿐
아직 평화는 멀고
패자만 남은 전쟁터 안방, 건넛방엔
각자의 천정 멀거니
패자부활전 노린다

허기

자장 한 그릇
세 젓가락
단무지 다섯 쪽
두 젓가락

끄윽

아
이제
눈꺼풀 가볍게
세상이 보인다
갈색 입술
피에로가 웃었다

속물아, 속물아

습성이 끄는 대로
하루를 살았다
맛은 세 치 혀에 놀아나고
내 속, 또 다른 난
육감의 몸
얼마나 헤집었던가

웃고 떠들며
순간의 분(忿) 그대로
가슴 촉(鏃) 박은 채
누린다는 욕망으로
내쫓긴 하루여

오늘도
속성에 머물러
나의 나는
여지없이 무너지고
공들인 아침 멀리
저녁 무참하게 눕누나

객주(客酒) 벗

누구신가?
석 자 이름 버거우면
외씨 성(姓)도 일 없소
통성(通姓)은 한 잔이고
터 위 열 살에 그냥 친구 하자요

어디서 와 무엇에 가는지
알리려 묻지도 마오
서로 지금은 누추하니
나랏일 회나 칩시다

왁자 두런
지껄 두런

자정은 뒤로 뛰어 가쁘고
본디대로 가벼워진 소주병
같이 취해 비틀거려 눕누나

엽주(獵酒)에 천리 정 다 쌓았는가
초면 실례한 밤은 가고
엉거주춤 아침 기어들면
다시 표정 없는 타인
새벽 객 소리 없이 제 길 간다

한세월(閑歲月)

산자락 발 밟혀
풀 누운 자리로
애 막 짓고
너와 올려 한설(寒雪) 넘기면
베 등걸 접사리 한 벌
여름은 쉬이 가고

가난이 똥꼬 찢던 시절
지겹던 보리밥 쑥국 멧나물
지금은 진수(珍羞) 아니랴

그깟
애성이 바깥소리야
지이부지(知而不知) 산 아래 너 흘리고
아무렴
또 세상 그립거든
쪽 창에 달 등 켜
바늘 들어 여초(餘草) 꿰며 시(詩) 붙자와
이렁 살다 저렁 가면
나, 얼마나 좋을꼬

첫 시화전

망태에 넝마[詩語] 줍는다
먹다 버린 빵[詩語] 가득 넣고도
채우지 못하는 포만감
잘게 부순 넝마들 질겅질겅 밟으면
반쪽 엉덩이
외짝 젖무덤
애꾸눈
창녀의 붉은 입술
뒤섞여
복사된 피카소 그림
허허, 저들만의 잔치
벙거지가 치는 찬사와 박수소리
걸객(乞客) 떠난 화랑엔
넝마 그림 하나와
벙거지 벗은 시인
덩그러니 혼자 외롭다

겨울 휘파람

강가엔
살얼음
달빛에 희고
제 몸 부벼
꺾인 갈대 숲
풀 씨 남아
철새 아직 머문다

가릴 수 없는
외로움
삭풍 되어 몰려들고
겨우내
다 못 부른 노래
갈대 끝
겨울 휘파람

하늘엔
찬 구름
잔설 머금고
인동에 지친
겨울 갈대 숲
아쉬움 남아
철새 아직 머문다

버틸 수 없는
그리움
목 메임으로 다가서
겨우내
그치지 않는 노래
갈대 끝
겨울 휘파람

회한(悔恨)

덩그러니
노송 위 석양은 내려
하루가 또 간다

여한이야
내일이 물거품 될망정
그때가 오늘이라면
뜨고도 보지 못한 하늘을 품고
별 내려
달도 안아보련만

저 그늘 속
힘겹게 누운 세월 그림자
추억만 무성하고
온 만큼 멀어
어쩌다 스치는 실낱 추억
아!
눈이 탁하다

| 서평 |

사물의 안팎을 투시한 풍자적 묘사, 그 깊이
- 조성구의 시세계

손희락
(시인·문학평론가·한국문인협회 감사)

1. 풍자적 묘사와 연륜의 상관성

첫 시집을 상재하는 조성구의 시를 읽으면서 작품 뒤에 숨어 있는 화자의 실체와 대면하여 잔잔한 감동과 기쁨에 젖어 보았다. 시를 쓴다는 것은 고뇌와 갈등으로 풀어갈 수 없는 삶의 문제들을 문학이란 방편, 웅숭깊은 성찰의식으로 표현한 자기고백이라는 확신을 갖게 된다.

절창의 시, 한 편을 낳기 위한 해산의 고통은 시인의 의식을 찢고 사유(思惟)에 몰입하는 고뇌를 요구하기 때문에 연륜의 축적, 진리적 깨달음, 다양한 체험들을 함축하지 않고는 풍자적인 시적 기교를 보인다는 것은 불가능한 일이다.

정통적인 문학의 과정을 대학캠퍼스에서 학습하고 문단에 데

뷔한 젊은 시인들의 시에서, 이미지 묘사를 위해 몸부림 친 흔적과 운율은 살아 있지만 설익은 풋 냄새가 진동하고 깊은 성찰이 감지되지 않는 것은 연륜의 부족에서 그 원인을 찾을 수 있을 것이다. 삶의 연륜, 인생에 대한 고뇌를 작품 속에 투입시키지 못할 때, 숙성된 향과 맛이 우러나오는 시가 될 수 없다.

  조성구의 시에서는 삶의 연륜, 직관이 어우러져서 빚은 듯, 사회적 모순을 예리한 눈썰미로 적출해낸 작품들을 만나게 된다. 향긋하면서도 맛깔스러운 위트가 내포되어 있는가하면, 갈등, 고뇌로 삭혀 시큼털털한 맛을 내며 눈물을 찔끔 흘리며 삼켜야하는 독특한 아이러니도 혼합되어 있다.

  그 이유는 삶의 현실에서 부딪힌 사건, 체험, 깨달음들이 시심 깊은 곳에서 각각 다른 맛과 빛깔을 지닌 열매를 맺었기 때문이다.

    기대했던 연극 1막
    12막 절정에 이르고
    공연 끝난 무대
    어둠의 커튼 내려지면
    난, 또 묵시의 관객 되어
    자리를 내준다

    객장 덤덤히 걸린 달력
    2007년 12월 31일
    곧 마주할 내일 앞에
    오늘이 너무 짧다

하늘엔, 온통 혹한 엄동이
달노을 속 흰 구름 바삐 달려가고
칼바람은 춤사위 나뭇가지
새들의 울음마저 잠재워
사정없이
흑백 경계를 가른다

지금은 올해
내일은 신년

　　―「송구영신(送舊迎新)」 전문

　위의 작품은 한 해의 마지막 송구영신에 대한 아쉬움과 설렘을 무대 위에 올려진 연극으로 묘사하고 있다. 조성구는 1막 12장으로 구성된 장편 연극을 관람하다가 다른 사람에게 빈 좌석을 물려주고 어둠 속으로 쓸쓸히 사라져가는 것을 인생으로 보았다.
　인생이란 축소시켜보면 한 편의 드라마나 연극과 같다. 객석의 관객이 되기도 하고, 무대 위의 배우가 되어 직접 연출에 나서는 것인지도 모른다.
　편안한 행복에 젖어 연극을 감상할 수 있는 몇 번의 기회는 신의 뜻에 따라 각각 다르게 허락되어 있다. 오늘 밤 마지막 연극을 감상하는 줄 모르고 공연 뒤에 찾아오는 허무한 죽음을 준비하지 못한 채 인간들은 아쉬운 고별사도 없이 빈손으로 사라져 간다.
　그런데 화자는 불혹을 지나 지천명의 고갯길에 이르도록 즐

겁고 행복한 연극들을 감상하기보다는 진리를 찾아 헤매는 구도자의 심정으로 무거운 주제, 인생을 함축한 작품들을 즐겨 감상하면서 의혹의 눈보라 속을 걸어온 것 같다. 왜냐하면 조성구의 시는 어둡지도 밝지도 않지만, 삶과 인생에 대한 진리들을 안팎으로 깊이 있게 투시하거나 혹은 풍자하면서 자타(自他)를 깨우치려 몸부림 친 흔적들이 뚜렷하기 때문이다.

삶의 연륜, 직간접 체험 등이 시적 에너지로 회전하고 있는 시세계로 들어가 작품을 살펴본다.

2. 관조로 바라본 시상(詩想)의 충만

아침부터 저녁까지 하루 24시간 동안 수많은 사건들과 사물들이 스쳐지나간다. 바람처럼 순식간에 이동하기도 하고, 고인 물처럼 정지되기도 하는데, 일상에 나타난 소재들이 시인의 감성과 교감하여 감동적인 이미지로 묘사될 때, 한 편의 시가 탄생한다.

고로 사물이나 사건의 양면성을 깊이 있게 바라보는 관조적 능력이 뛰어날 때 좋은 작품을 쓸 수 있다. 감성의 폭을 넓히고 독특한 개성을 투입하여 묘사하기 위해서는 머릿속은 온통 시상으로 충만해야 할 것이다.

시상의 물줄기가 시원스럽게 분출되고 있는 시인은 다양한 소재를 포착, 이미지를 변형시키는 절창의 작품을 쓸 수 있겠지만, 그렇지 못할 때 시인으로서 성공하거나 명성을 얻기는 어렵다 할 것이다.

녹음 땅에 눕다
짧은 들숨, 긴 날숨
난데없는 코 고동소리
널브러진 오수(午睡) 앞에
실루엣 여인
요염도
오늘은 말짱 귀찮다

토끼잠 속
시상(詩想)은 도망치고
달라붙는 글 벌레

보소 보소
나라님아
와서
내 눈꺼풀 열어주소
저기 도망가는
시상(詩想) 좀 잡고로

─「낮잠」 전문

    조성구는 대다수의 시인들처럼 자기만의 시어와 시법을 지니고 있다. '낮잠'이란 제목으로 시를 썼지만 핵심주제는 시상에 사로잡힌 시인으로 살기를 원하는 간절한 소원성을 표출하고 있다.
    2연에서는 시상은 도망치는데 글 벌레는 달라붙는다고 말하고 있다. 화자가 녹음이 우거진 숲속에 드러누웠다면 가까이 다가오는 것은 땀에 젖은 개미들일 것인데 그 개미들을 글 벌레로 묘사를 하고 있다.
　어쩌면 이 작품의 창작 동기는 입에 먹이를 물고 생존을 위해 발버둥치는 개미들을 바라보다가 순간적으로 작동된 직관에 의한 것인지도 모른다. 왜냐하면 낮잠을 자려는 시인 역시 대자연이 주는 신선한 소재를 먹이로 물고 오늘 밤, 한 편 시를 써야 하기 때문이다. 조성구는 이제 첫 시집을 상재하고 있지만, 그 가슴 속에서 타오르는 창작의 불꽃은 어느 정도 절정의 상태임을 유추하게 된다.
　3연에서는 "보소 보소 나라님아/ 와서 내 눈꺼풀 열어주소/ 저기 도망가는/ 시상 좀 잡고로" 하며 익살스럽게 자신의 욕망, 소원성을 표현하고 있다는 데서 시적 재능, 노련미까지 감지되어지고 있다. 낮잠이라는 보편적인 주제로 이만큼 묘사하기도 쉽지는 않을 것이다.

　　　자장 한 그릇
　　　세 젓가락
　　　단무지 다섯 쪽
　　　두 젓가락

　　　끄윽

　　　아
　　　이제
　　　눈꺼풀 가볍게

세상이 보인다
갈색 입술
피에로가 웃었다

― 「허기」 전문

　시는 간결하지만 함축되어진 시인이 의도, 메시지가 살아 있는 작품이다.
　허기질 때, 자장 한 그릇 끌어안고 빠른 손놀림 젓가락질을 하면서도 화자의 시상은 멈추지 않고 회전한다.
　면은 세 젓가락, 단무지는 두 젓가락이다. 한 끼 허기를 채우는 데 자장 한 그릇이면 끄윽 하고 포만의 트림을 하기에 충분하다는 물질적 소유에 대한 정의를 내리고 있지만, 함축된 진리는 인간들의 총체적 소유가 자장 한 그릇 같아서 젓가락질 몇 번이면 빈 그릇만 남는 허무한 것임을 깨우치고 있다.
　질병이나, 사업의 실패, 고통의 젓가락이 몇 번 스쳐 지나가고 나면 남는 것은 거의 없다. 움켜쥔 소유를 잃고 절망을 느끼는 그때가 성찰의 눈을 뜨고 세상을 바르게 볼 수 있는 축복의 기회라는 진리를 내포하고 있어 흡족해진다.
　조성구의 시적 소재는 자신의 일상이나 주변에서 획득하고 있고, 자신이 목도한 소재나 사건들은 어김없이 한 편의 시로 묘사되고 있는 것은 의식이 깨어 있어 관조적 시력이 밝기 때문이다.
　결미에서 "갈색입술/ 피에로가 웃었다"는 표현도 적절해 보인다. 인간은 누구나 한 끼 허기를 채우기 위해 세상이라는 무대 위에서 원치 않는 춤을 추며 피에로처럼 위장된 삶을 살고 있다.

3. 풍자적 묘사와 노련미

조성구의 작품들은 선하고 악한 양면적 현실에 대하여 능숙하게 풍자하는 독보적 톤을 지니고 있다. 그 음률은 허스키하고 저음인 것 같지만 독기를 뿜어내는 날카로움도 살아 있다.

사회적 모순이나 정신적, 윤리적 병폐를 고발할 때 풍자적으로 묘사한다는 것은 단일 주제로 연작시를 써내려가는 것만큼 어렵고 힘든 작업으로, 상상력의 확대를 통한 노련미가 요구된다. 왜냐하면 풍자시는 꼬집고 깎아내려 비아냥거리거나 폭로, 비판을 목적으로 쓴 독특한 인식에 바탕을 둔 작품들이기 때문이다.

고로 시단에 발표된 풍자시들을 읽어보면 재치 있는 위트나 날카로운 아이러니가 죽어 있어 대중들을 자각시키는 효과를 충족하지 못하는 경우들이 많다.

　　　　못된 년!
　　　　조신하여 요조(窈窕)인가 싶더니
　　　　서방질을 했다고라
　　　　경칩 어스름 달밤 창 든 그림자
　　　　기껏 약 쓸려니
　　　　도망치던 개똥이더냐

　　　　즐풍목우(櫛風沐雨) 막돼먹은
　　　　경아리 놈과 뒹굴다니
　　　　이년아, 어서 말 못혀!
　　　　오이 넝쿨로 배 가린들

차오르는 달 막을 수 있다던?

　　　배시시 웃는 꽃조차 노랗기에
　　　오씨 문중인줄 알았지
　　　참외 씨가 웬 말이고
　　　어쩔겨, 이제
　　　아이고, 저기 똥 밭
　　　사대부 오씨 종가
　　　서까래 앉고 대들보 무너지누나

　　　　─「개똥참외」 전문

　위에서 인용한 시는 풍자와 해학이 넘치면서 독자의 시선을 작품에 고정시켜 접근하도록 유도하고 있는데, 상황에 대한 묘사나 비유가 심각하기 때문이다. 개똥참외에 대한 속담이나 관용구들은 더러 존재하고 있지만 이 작품의 제목을 개똥참외라고 붙인 데는 깊은 뜻이 있어 보인다.
　2연에 보면 "즐풍목우 막돼먹은/ 경아리 놈과 뒹굴었다"고 표현하고 있어 야유(揶揄)가 돋보인다. 이 작품에서 감지되는 것은 시인의 간접체험이다. 불륜 때문에 무너져 내린 한 가정의 비극적 현실을 제삼자의 위치에서 바라보면서 참외와 오이로 빗대어 묘사를 했다. 참외나 오이는 칼로 절단해보면 그 속의 내용물이 닮아 있다. 참외씨와 오이씨의 형체가 닮아 있고, 노랗게 피는 꽃, 쭉 뻗어가는 넝쿨까지 서로 엇비슷하다.
　그러나 참외 밭과 오이 밭은 엄연히 구별된다. 참외는 참외와 사랑을 해야 하고, 오이는 오이와 접을 붙여야한다. 그것이 원

칙이고 윤리이고 질서이다. 그런데 참외가 오이가 서로 사랑을 했다. 그것도 즐풍목우(櫛風沐雨), 근본도 없이 객지를 떠돌던, 약고 간사하여 막돼먹은 경아리 놈과 붙어먹었으니 이 문제를 어찌할 것인가. 조성구는 현실사회를 향해 대중들에게 묻고 있다.

이런 사건들은 오늘 우리 주변에서 빈번하여 이혼율을 높이며 가정을 파괴하는 심각한 사회 문제로 대두되고 있다. 기막히고 황당한 사건이지만, 금지옥엽 아들을 낳아 기르다 자신과 닮은 곳이 없어 친자 감정을 해보면 참외씨가 아니고 오이씨로 밝혀지는 황당한 일들도 허다하다. 여기에 관련된 업종들이 호황을 누리고 있는 것도 부인할 수 없는 현실이다.

시인은 자신이 목도한 서방질할 주변의 사건들을 소재로 삼아 풍자적 묘사를 했는데, 여기서 중요한 점은 무엇인가. 이미지 묘사가 매우 절묘하여 움찔, 대중들의 폐부를 깊숙이 찌르고 있다는 것이다.

참외와 오이는 유사한 점은 있지만 각각 자신이 속한 밭에서 끼리끼리 사랑을 나누어야 한다는 것이 시인의 주장이다. 「개통 참외」 한 편의 시가, 무너져 내린 윤리적 질서를 세우고 대낮 불야성을 이룬 러브모텔의 열기를 어느 정도 식힐 수 있을지 그 효과가 주목된다.

       기쁨 반, 슬픔 모두
       표정이 같은 넌
       언제나 구외불출(口外不出) 속이 깊구나
       밝은 눈, 늘 젊은 널 보면
       조쇠(早衰)해 안달난 여인들
       성형 시술소 돌팔이 손끝 메스 바쁘고

거리에는 같은 꼴
귀, 코, 입, 짝퉁 미인들
가짜 젖통 내밀고 활보하는데
정작 진품인 넌
유리 속 갇힌 채 밖이 그립다

전생
어느 환쟁이 그렸을 네 초상
봉곳한 가슴에 눈길 머물고
멋대로 상상하며
때론 엉뚱한 본능에 떨고
복잡한 세상사 알 바 없이
뭇 세인 시선 받으며
정지된 시간
동작 그만 서 있는 네가 부럽다

― 「마네킹」 전문

    마네킹을 소재로 쓴 작품들을 더러 읽어 보았지만, 이렇게 비판적으로 삐딱하게 바라본 시각도 드문 것 같다.
    시인이 사물을 투시할 때 정면에서 긍정적으로 아름답게만 바라볼 필요는 없다. 누워서도 보고, 거꾸로 매달려서도 보고, 때로는 비뚜름하게 접근할 수도 있어야 한다. 화자가 다양한 주제로 시를 쓸 수 있는 비결은 현실에 대한 정의로운 의식을 곧추세워 풍자하는 예민한 삶을 살고 있기 때문인 것 같다.
    시의 내용으로 볼 때, 대조법으로 살아 움직이는 존재와 갇혀 있는 존재를 동원한다. 그리고 진품은 가짜로, 가짜(마네킹)는 진짜로 역설적인 묘사를 하면서 성형을 통한 가공적인 미(美)에 대하여 질타하고 있다.

이 시를 쓴 시인의 의식은 비단 외형을 뜯어 고치는 성형수술만을 논의의 대상으로 삼은 것은 아닌 것 같다. 순수함이 변질, 파괴되어 이기주의로 치장하고 구시대적 순수한 사랑의 가치가 돈으로 무너져 내리고 인격과 양심, 사랑까지 매매하고 있는 내면적인 문제까지도, 누군가에 의해 모습을 드러낸 이후 전혀 변함이 없는 마네킹을 소재로 삼아 '네가 부럽다'고 한탄하고 있는 것이다.

대개의 풍자시는 언어조종에 있어서 실패하기 쉽고 경박(輕薄)함으로 흐르게 되는데, 노골적으로 꼬집고 비틀고 있지만 부담 없이 소화되는 이유는 휘두르고 있는 풍자의 칼날을 어느 정도 무디도록 작업한 까닭인 것 같다.

한정된 지면 때문에 다 소개하지 못하지만 「보리밭」「바다가재」「낮술 석 잔에」「여의도의 봄」「부부싸움1」「부부싸움2」등의 작품에서 삶의 애환을 농축하여 풍자의 미학, 그 묘미와 탄력을 극대화시키고 있다.

4. 명징한 주제의 원천 자아 성찰

조성구 시의 특성은 서정시의 문법을 따라 운율이 매끄럽고 주제가 명징하다는 점이다. 대다수의 작품들이 성찰의 메시지를 함축하여 감동을 안겨주고 있고, 동원되는 비유들 역시 적절하게 취택되고 있다.

세월 비에 젖은 낡은 배낭을 짊어지고 지천명의 인생길을 걷고 있다고 해서 세상을 관조하는 능력이 저절로 완숙되거나 깊어지는 것은 아니다. 갈등하고 고뇌하며 한 번뿐인 삶을 후회없이 살다 가려는 처절한 몸부림이 수반되어질 때, 사물과 자연, 사건과 사람들에게서 진리적 깨달음을 확보하여 자기 것으로 만들 수 있다. 온전히 자신의 인격과 사상이 된 것만이 세밀한 관찰을 통해 시어로 변용되어 이미지로 형상화된다.

조성구의 시에서 풍기는 향기는 종교적 성찰의 몸부림과 주제의 명징함이다. 무엇인가를 끊임없이 찾아내려고 몸부림치고 있고, 사망선 통과 이후 삶의 종착지에 초점을 맞추어 내세와 연관된 진리를 얻기 위해 성찰의 삶을 살고 있다.

고로 화자의 시는 풍자와 해학의 가벼움 속에서도 중량감이 감지되고 화두를 함축한 메시지는 진솔하여 독자들에게 기쁨의 웃음과 감동을 선물한다.

성스런 고백소 앞
추한 미물 하나 쭈그려 앉아
해 뜨고 입 뗄 때마다
덕지덕지 붙은 죄 뭉치
어디부터 고백할지 망설이는데
신부님 갸륵도 하셔라
호미로 바지락 캐듯
성찰(省察) 죄 낱낱 붙여놨것다
조목조목 간결한 핑계
죄는 어느덧 반으로 줄고
멋대로 제 맘대로 걸러 또 줄고
얼씨구 그러보니

고백할 죄 몽땅 없어졌도다
바라옵건데
얼렁뚱땅 그렇게 해주십사 기도하고
정신없이 고백소 나와 성당 문 나서는데
말씀은 어느새 귀밑 떨어지고
길 건너 미니 아가씨
쭉 뻗은 다리 눈부시누나
맙소사, 하느님 맙소사
비 맞는 종탑 타고 말씀은
뎅그렁 뎅그렁
속절없다

— 「맙소사」 전문

  위의 시를 읽어보면 화자는 시를 현실감 있게 써내려가는 재능과 함께 제목 붙이기에도 능숙한 것을 알 수 있다. 이 시가 대중들의 상상 속으로 파고들어 심적 공감대를 형성하는 것은 이 시를 읽는 독자들 역시 공통된 경험들이 있기 때문이다.
  성당에서 고해성사를 하는 순간에는 더럽혀진 몸뚱어리 비누칠하듯 죄가 소멸되어 거룩해지는 것 같지만, 육중한 문을 밀치고 세상 밖으로 나가는 순간에 육체적 정욕, 안목의 정욕, 이생의 자랑에 노출되어 오염되기 때문이다.
  자신이 직접 체험한 사건에 시적인 운율을 붙여 진솔하게 표현한 조성구의 시에는 치밀한 묘사는 있지만 가식이나 거짓은 없는 것 같다. 먼저 자신의 내면에 존재하는 또 다른 자아(참자기)를 향해 시를 쓰고 있기 때문에 사물의 안팎을 깊이 있게 투시하는 능력을 갖추게 된 것이다.
  시인이 사물을 바라보는 관조가 깊지 않고서는 좋은 시를 쓸 수도 없고 자신의 독자를 확보하는 데 실패할 것이다. 시인의 사색은 끝없이 깊어야하고, 그 깨달음은 현세를 초월하여 내세와 연결되어야 한다. 그리할 때에 풍자다운 풍자, 명시(名詩)다운 명시가 탄생할 것이다.

5. 결론

    기뻐도 눈물이 흐르는 까닭
    나는 알아요
    기쁨 뒤 아픈 사연 있었다는 걸

    슬퍼도 눈물이 나지 않는 까닭
    나는 알아요
    그 슬픔 너무 깊기 때문이란 걸

    —「나는 알아요」 중에서

  위의 시 제목「나는 알아요」에서처럼 조성구의 시에는 자기만의 영역에서 깨달은 철학이 내포되어 있다. 그래서 기뻐도 눈물이 흐르는 까닭, 슬퍼도 눈물이 나지 않는 까닭을 나는 알고 있다고 역설적으로 표현해낸다.
  자기만의 철학을 시적 재능에 담아 천착하거나 서정적 시법으로 써내려가며 시의 노래를 부를 수 있다면, 바늘구멍 같이 성공하기 어려운 시단에서 우뚝 설 수도 있을 것이다.

조성구의 시적 재능은 하늘이 주신 선물이이요, 복이다.
평설을 쓰면서 아쉬움을 갖게 되는 것은 좀 더 일찍 데뷔하여 시단에 나왔더라면 하는 것이다. 그러나 지금도 늦지 않았다. 늦었다고 생각할 때가 오히려 최고의 기회일 수 있다.
시인들의 고백을 빌리면, 시가 분수대 물줄기처럼 푸른 하늘을 향하여 치솟을 때가 있다고 말한다. 화자에게는 지금이 바로 그런 황금기인 것 같다.
지나온 삶을 반추하며 현실에서 체험한 다양한 사건들을 소재로 폭넓은 시세계를 구축해가기를 바라면서, 첫 시집 상재를 축하드린다.

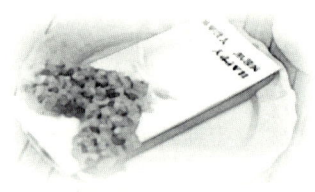

하늘 자락 달무리 속
숨죽인 사랑, 일깨워 비회(悲懷)만 내려놓고
오늘도 밤종일
슬며시 다가와 흔적 없이 가십니다